रामधारी सिंह 'दिनकर'

जन्म : 23 सितम्बर, 1908 को बिहार के मुंगेर जिले के सिमरिया नामक गाँव में हुआ था। शिक्षा मोकामा घाट के रेलवे हाईस्कूल तथा फिर पटना कॉलेज में हुई जहाँ से उन्होंने इतिहास विषय लेकर बी.ए. (ऑनर्स) की परीक्षा उत्तीर्ण की। एक विद्यालय के प्रधानाचार्य, सब-रजिस्ट्रार, जन-सम्पर्क के उप-निदेशक, भागलपुर विश्वविद्यालय के कुलपति, भारत सरकार के हिन्दी सलाहकार आदि विभिन्न पदों पर रहकर उन्होंने अपनी प्रशासनिक योग्यता का परिचय दिया। 1924 में पाक्षिक 'छात्र सहोदर' (जबलपुर) में प्रकाशित पहली कविता से साहित्यिक जीवन का आरम्भ।

प्रमुख कृतियाँ : कविता–रेणुका, हुंकार, रसवन्ती, कुरुक्षेत्र, सामधेनी, बापू, धूप और धुआँ, रश्मिरथी, नील कुसुम, उर्वशी, परशुराम की प्रतीक्षा, कोयला और कवित्व, हारे को हरिनाम आदि। **गद्य**–मिट्टी की ओर, अर्धनारीश्वर, संस्कृति के चार अध्याय, काव्य की भूमिका, पन्त, प्रसाद और मैथिलीशरण, शुद्ध कविता की खोज, संस्मरण और श्रद्धांजलियाँ आदि।

सम्मान : 1959 में 'संस्कृति के चार अध्याय' पर साहित्य अकादेमी पुरस्कार और पद्मभूषण की उपाधि। 1962 में भागलपुर विश्वविद्यालय की तरफ से *डॉक्टर ऑफ लिटरेचर* की मानद उपाधि। 1973 में 'उर्वशी' पर भारतीय ज्ञानपीठ पुरस्कार। अनेक बार भारतीय और विदेशी सरकारों के निमंत्रण पर विदेश-यात्रा।

निधन : 24 अप्रैल, 1974

दिनकर की सूक्तियाँ

रामधारी सिंह 'दिनकर'

लोकभारती पेपरबैक्स

लोकभारती पेपरबैक्स में
पहला संस्करण : 2019
तीसरा संस्करण : 2023

लोकभारती पेपरबैक्स : उत्कृष्ट साहित्य के लोकप्रिय संस्करण

लोकभारती प्रकाशन
पहली मंजिल, दरबारी बिल्डिंग, महात्मा गांधी मार्ग,
प्रयागराज-211 001
द्वारा प्रकाशित

शाखाएँ : 1-बी, नेताजी सुभाष मार्ग, दरियागंज, नई दिल्ली-110 002
अशोक राजपथ, साइंस कॉलेज के सामने, पटना-800 006
1, अनमोल सोराबजी संतुक लेन, धोबी तलाव, मरीन लाइंस, मुम्बई-400 002

वेबसाइट : www.lokbhartiprakashan.com
ईमेल : info@lokbhartiprakashan.com

विकास कंप्यूटर्स एंड प्रिंटर्स
ट्रॉनिका सिटी-201 102
द्वारा मुद्रित

मूल्य : ₹250

DINKAR KI SOOKTIYAN
Poems by Ramdhari Singh 'Dinkar'

ISBN : 978-93-89243-77-2

प्राक्कथन

पूज्य राष्ट्रकवि रामधारी सिंह 'दिनकर' को गुजरे छियालीस वर्ष हो गए। अब उनकी 110वीं जयन्ती का वर्ष बीत रहा है।

यूँ तो महाकवि दिनकर जी को राष्ट्रकवि कहा गया है पर महीयसी महादेवी वर्मा ने कहा था कि वे विश्वकवि हैं, क्योंकि उनकी कविताओं में मात्र राष्ट्रीयता की वाणी और उसकी स्वायत्तता का गौरवगान और संघर्ष नहीं है वरन् प्रेम का एक व्यापक क्षितिज है जो उन्हें विश्वकवि की श्रेणी में ले आता है। वस्तुतः दिनकर जी एक ही साथ विश्वकवि, महाकवि, राष्ट्रकवि और जनकवि–सभी हैं। उनकी विभिन्न कविताओं में भिन्न-भिन्न तौर पर उनके काव्य-व्यक्तित्व का वैशिष्ट्य प्रकट होता है।

दिनकर जी आज भी पाठकों के सर्वाधिक प्रिय कवि हैं और प्रासंगिक भी। उनकी कविताओं में आग है, राग है और अध्यात्म है। उनकी कविताओं का अवगाहन कर प्रतीत होता है कि वे अपने समकालीन कवियों से अलग तरीके से पाठकों के समक्ष प्रकट होते हैं।

दिनकर जी ने कहा था कि सच्चा कवि हमेशा जीवित रहता है–उसके प्रति राग और द्वेष के कारण उसके सामने उसका सही मूल्यांकन नहीं हो पाता। किसी कवि का सही मूल्यांकन उसके निधन के पचास वर्ष बाद होता है। और हम देख रहे हैं, जैसे-जैसे समय गुजरता जा रहा है, दिनकर जी की कविताओं की लोकप्रियता बढ़ती जा रही है।

पूर्व में दिनकर जी की सभी किताबें लोकभारती प्रकाशन से कुछ नवीन स्वरूप और अलग नाम देकर प्रकाशित हुई थीं। अब सभी पुस्तकें अपने पुराने नाम और प्रारूप में प्रकाशित हो रही हैं। आशा है, इससे दिनकर-प्रेमी हिन्दी साहित्य जगत् सन्तुष्ट होगा।

–अरविन्द कुमार सिंह

दिनकर भवन
आर्य कुमार रोड
पटना-800004

भूमिका

ये सूक्तियाँ मेरे घर के दो बच्चों–श्री शिवसागर मिश्र और श्री रामानुज प्रसाद सिंह–ने चुन निकाली हैं। मगर जब उनके द्वारा संगृहीत सामग्री मेरे सामने आई, मैंने उसमें काफी रद्दो-बदल कर दिया। पता नहीं, इससे संग्रह का स्वाद बढ़ा है या उसमें कमी आ गई है!

सूक्ति-संग्रह का रिवाज उर्दू में है, मगर हिन्दी में वह यदा-कदा ही देखने में आता है। संस्कृत में सुभाषित-संचय की प्रथा खूब बढ़ी थी। कुछ स्वतन्त्र सुभाषित मैंने भी रचे थे जो मेरे 'नये सुभाषित' नामक संग्रह में मौजूद हैं। किन्तु वर्तमान संग्रह में 'नये सुभाषित' से एक पंक्ति भी नहीं ली गई है।

इस संग्रह की सभी सूक्तियाँ मेरे नाना काव्य-ग्रन्थों में से चुनी गई हैं।

मेरा खयाल है, सूक्ति-संग्रह का रिवाज हिन्दी में भी चलना चाहिए।

—दिनकर

नई दिल्ली
22-12-63

अनुक्रम

दिनकर की सूक्तियाँ

अग्नि-तत्त्व

[1]

नाचो अग्निखंड भर स्वर में,
फूँक-फूँक ज्वाला अम्बर में।
वैभव के उच्चाभिमान में,
अहंकार के उच्च शिखर में।
स्वामिन, अंधड़-आग बुला दो,
जले पाप जग का क्षण भर में।

[2]

तू तरुण देश से पूछ अरे,
गूँजा यह कैसा ध्वंस-राग?

अम्बुधि-अंतस्तल-बीच छिपी
यह सुलग रही है कौन आग?

[3]

उठ भूषण की भाव-रंगिणी
लेनिन के दिल की चिनगारी!
युग-मर्दित यौवन की ज्वाला!
जाग, जाग री क्रान्तिकुमारी!

[4]

उर में दाह, कंठ में ज्वाला,
सम्मुख यह प्रभु का मरुथल है,
जहाँ पथिक जल की झाँकी में
एक बूँद के लिए विकल है।

[5]

कलेजों से लगी बत्ती कहीं कुछ जल रही है,
हवा की साँस पर बेताब-सी कुछ चल रही है।
धराधर को हिला गूँजा धरणि में राग कोई,
तलातल से उभरती आ रही है आग कोई।

[6]

पीकर जिनकी लाल शिखाएँ
उगल रहीं लू-लपट दिशाएँ,

जिनके पदाघात से कंपित धरती रही अभी तक डोल
कलम, आज उनकी जय बोल।

[7]

मैं निस्तेजों का तेज, युगों के
मूक-मौन की वाणी हूँ।
दिलजले शासितों के दिल की
मैं जलती हुई कहानी हूँ।
सदियों की जब्ती तोड़ जगी,
मैं उस ज्वाला की रानी हूँ।
मैं जहर उगलती फिरती हूँ;
मैं विष से भरी जवानी हूँ।

[8]

विभा, विभा, ओ विभा, हमें दे,
किरण, सूर्य, दे उजियाली।
आह! युगों से घेर रही
मानव-शिशु को रजनी काली।
प्रभो! रिक्त यदि कोष विभा का,
तो फिर, इतना ही कर दे;
दे जगती को फूँक, तनिक
झिलमिला उठे यह अँधियाली।

[9]

हतभागे! यों मुँह फेर नहीं,
जो चीज आग में खिलती है;
धरती तो क्या? जन्नत में भी
वह नहीं सभी को मिलती है।

[10]

मेरी पूँजी है आग, जिसे
चलना हो, बढ़े, निकट आये।

[11]

साँसों का पाकर वेग
देश की हवा तवी-सी जाती है,
गंगा के पानी में देखो,
परछाईं आग लगाती है।

[12]

प्यारे स्वदेश के हित अंगार माँगता हूँ,
चढ़ती जवानियों का शृंगार माँगता हूँ।

[13]

लेना अनल-किरीट भाल पर
ओ आशिक होने वाले!

कालकूट पहले पी लेना
सुधा-बीज बोने वाले!

[14]

वह अघी, बाहुबल का जो अपलापी है,
जिसकी ज्वाला बुझ गई, वही पापी है।

[15]

गरजो, तरंग से भरी आग भड़काओ,
हों जहाँ तपी, तप से तुम उन्हें जगाओ।

[16]

जब किसी जाति का अहं चोट खाता है,
पावक प्रचंड होकर बाहर आता है।

[17]

वीरत्व छोड़ पर का मत चरण गहो रे!
जो पड़े आन, खुद ही सब आग सहो रे!

[18]

विजय चाहता है, सचमुच, तू अगर विषैले नाग पर,
तो कहता हूँ, सुन, दिल में जो आग लगी है,
उसे बुद्धि में घोल, उठाकर ले जा उसे दिमाग पर।

[19]

तुझसे जो माँगते उबलते गीत अनल के,
पूछ कि वे कूटस्थ आग लेकर क्या भला करेंगे?
क्या प्रमाण है, यह सूखी बारूद नहीं सीलेगी?
घर में बिखरी हुई बर्फ वे कहाँ समेट धरेंगे?

[20]

गांधी शरबत नहीं, प्रखर पावक-प्रवाह था।

[21]

घटा फाड़कर जगमगाता हुआ,
आ गया देख, ज्वाला का वाण।
खड़ा हो, जवानी का झंडा उड़ा,
ओ मेरे देश के नौजवान!

[22]

सुलगती नहीं यज्ञ की आग,
दिशा धूमिल; यजमान अधीर;
पुरोधा कवि कोई है यहाँ,
देश को दे ज्वाला के तीर?
धुओं में किसी वह्नि का आज निमंत्रण लाता है कोई।

[23]

मैं न वह जो स्वप्न पर केवल सही करते,
आग में उसको गला लोहा बनाती हूँ,
और उस पर नींव रखती हूँ नये घर की,
इस तरह दीवार फौलादी उठाती हूँ।

[24]

यह लपट! और यह दाह! अरे!
क्या अमृत नहीं कुछ बाकी है?
भारत पुकारता है, गंगाजल
क्या न कहीं कुछ बाकी है?
छप्पर को फाड़ धुआँ निकला,
जल सींचो, सुधा निकट लाओ,
किस्मत स्वदेश की जलती है,
दौड़ो! दौड़ो! आओ! आओ!
ओ बदनसीब! इस ज्वाला में
आदर्श तुम्हारा जलता है।
समझाएँ कैसे तुम्हें कि
भारतवर्ष तुम्हारा जलता है?

[25]

सच है, जल उठते महल,
बिखरे जब अंगारे जाते हैं;
औ' मच कर रहता कुरुक्षेत्र,
जब चीर उतारे जाते हैं।

[26]

मैं खोज रहा हूँ तिमिर-बीच
कब से ज्योतिर्मय दाह एक;
बल उठे किसी दिशि वह्नि-राशि,
ले देकर मेरी चाह एक।

[27]

जब कुपित काल धीरता त्याग जलता है,
चिनगी बन फूलों का पराग जलता है।
सौन्दर्य-बोध बन नई आग जलता है,
ऊँचा उठकर कामार्त्त राग जलता है।
अंबर पर अपनी विभा प्रबुद्ध करो रे!
गरजे कृशानु, तब कंचन शुद्ध करो रे!

[28]

चाहिए देवत्व;
पर, इस आग को धर दूँ कहाँ पर?
कामनाओं को विसर्जित व्योम में कर दूँ कहाँ पर?

[29]

वह्नि का बेचैन यह रसकोष,
बोलो, कौन लेगा?
आग के बदले मुझे संतोष,
बोलो, कौन देगा?

[30]

जब तक यह पावक शेष, तभी तक
सखा, मित्र त्रिभुवन तेरा।
चलता है भूतल छोड़
बादलों के ऊपर स्पन्दन तेरा।

[31]

गाँस मार कर जगा गया है काल,
देश के लिए आग की भीख माँगता हूँ।

[32]

और आग की वे लपटें विकराल!
मुड़ो जिस ओर, उधर ही दिशा दहकती थी।
सोने देती कभी नहीं भूचाल,
हवा में जहाँ-तहाँ बारूद महकती थी।

[33]

बाकी है जो अनल-तत्त्व का राग,
बहुत धीरे-धीरे जलता है।

[34]

है अनल ब्रह्म, पावक-तरंग जीवन है,
अब समझा, क्यों ज्वाला अभंग जीवन है?

[35]

बजा इस बार दीपक-राग कोई आखिरी सुर में;
छिपा इस बीन में ही आग वाला तार है साथी!

[36]

सिर पर उठा वह्नि, आँखों पर ले हरि का अभिशाप
अग्नि-स्नान के बिना धुलेगा नहीं राष्ट्र का पाप।

[37]

आज अहिंसा नहीं,
कसौटी पर गांधी की आग है।

[38]

हारे नर को देख देवियाँ
दबी ग्लानि के भार से
जल उठती हैं, अगर
काट सकतीं न कंठ तलवार से।

[39]

मैं पीकर ज्वाला अमर हुई,
दिखला मत रस-उन्माद मुझे।
रौशनी लुटाती हूँ राही,
ललचा सकता अवसाद मुझे?

[40]

पी जिसे उमड़ता अनल, भुजा भरती है,
वह शक्ति सूर्य की किरणों में झरती है।
मरु के प्रदाह में छिपा हुआ जो रस है,
तूफान-अंधड़ों में जो अमृत-कलस है,
उस तपन-तत्त्व से हृदय-प्राण सींचो रे!
खींचो, भीतर आँधियाँ और खींचो रे!

[41]

भव को न अग्नि करने को क्षार बनी थी,
रखने को, बस, उज्ज्वल आचार बनी थी।
शिव नहीं, शक्ति सर्जन-आधार बनी थी।
जब बनी सृष्टि, पहले तलवार बनी थी।

[42]

स्वर में पावक यदि नहीं, था वन्दन है।
वीरता नहीं, तो सभी विनय क्रन्दन है।

[43]

जीवन गति है, वह नित अरुद्ध चलता है।
पहला प्रमाण पावक का? वह जलता है।
सिखला निरोध-निर्ज्वलन धर्म छलता है।
जीवन तरंग-गर्जन है, चंचलता है।

[44]

निर्जर पिनाक हर का टंकार उठा है।
हिमवन्त, हाथ में ले अंगार उठा है।
तांडवी तेज फिर से हुंकार उठा है।
लोहित में था जो गिरा, कुठार उठा है।
संसार धर्म की नई आग देखेगा,
मानव के करतब पुनः नाग देखेगा।

अप्सरा

[1]

प्रियतम को रख सके निमज्जित
जो अतृप्ति के रस में,
पुरुष बड़े सुख से रहता है
उस प्रमदा के बस में।

[2]

गृहिणी जाती हार दाव
सम्पूर्ण समर्पण करके,

जयिनी रहती बनी अप्सरा,
ललक पुरुष में भर के।

[3]

हम कुछ नहीं रंजिकाएँ हैं
मात्र अभुक्त मदन की।

[4]

ये, जो फूलों के चीरों में चमचमा रहीं,
मधुमुखी इन्द्र-जाया की सहचरियाँ होंगी,
ये जो यौवन की धूम मचाये फिरती हैं,
भूतल पर भटकी हुई इन्द्रपरियाँ होंगी।

[5]

प्रणय की चिर-किशोरी मूर्तियों को काम ही क्या है?
सदा किलकारियाँ भरना, मचलते, खेलते रहना
कभी मन्दार के नीचे, कभी मन्दाकिनी-तट पर।

[6]

न इनकी आयु बढ़ती है, न इनका रूप घटता है,
बुढ़ापा क्या? जवानी ही कभी ढीली नहीं होती।

[7]

निकलती है जवानी की उमंगों से परी उस दिन,
मनुज का मन भरे मधुमास में जिस रोज होता है।

अभिनव मनुष्य

[1]

बुद्धि में नभ की सुरभि, तन में रुधिर की कीच,
यह वचन से देवता, पर, कर्म से पशु नीच।

[2]

इस मनुज के हाथ से विज्ञान के भी फूल
वज्र होकर छूटते शुभ धर्म अपना भूल।

[3]

सावधान मनुष्य! यदि विज्ञान है तलवार,
तो इसे दे फेंक तज कर मोह स्मृति के पार।

हो चुका है सिद्ध, है तू शिशु अभी नादान,
फूल-काँटों की तुझे कुछ भी नहीं पहचान।
खेल सकता तू नहीं ले हाथ में तलवार,
काट लेगा अंग, तीखी है बड़ी यह धार।

[4]

सत्य ही, समुन्नति के पथ पर
चल रहा चतुर मानव प्रबुद्ध,
कहता है क्रान्ति उसे, पहले
जिसको कहता था धर्मयुद्ध।

[5]

नहीं वंशधर तुम अतीत के,
नूतन योनि अपर हो,
जो न कभी पहले जनमा था,
वह बौद्धिक बर्बर हो।
ज्ञान तुम्हारा अन्धकार है,
किरण तुम्हारी तम है,
धर्म तुम्हारा ध्वंस, पूज्य
देवता तुम्हारा यम है।
छाने तुमने अमित लोक,
पर, मन को कभी न छाना,
अगणित आविष्कार किये,
पर, अपना मर्म न जाना;

छूट गई भाषा अदृश्य की
अकथ कथा कहने की,
बकते-बकते भूल गये तुम
महिमा चुप रहने की।

[6]

पर हाय, मनुज के भाग्य
अभी तक भी खोटे के खोटे हैं,
हम बढ़े बहुत बाहर, भीतर
लेकिन, छोटे के छोटे हैं।

अभेद

[1]

श्वेत-श्याम एक ही रंग की
युगपत् संज्ञाएँ हैं।

[2]

क्योंकि प्रकृति औ' पुरुष एक हैं,
कोई भेद नहीं है।

[3]

दृश्य-अदृश्य एक हैं दोनों,
प्रकृति और ईश्वर में

भेद गुणों का नहीं, भेद है,
मात्र दृष्टि का, मन का।

[4]

मही और नभ दो हैं,
ये सब कहने की बातें हैं।

[5]

जुगनू की लघु विभा दिवा में
कलियों की मुसकान हुई,
उडु को ज्योति उसी ने दी,
जिसने निशि को अँधियाली है।

[6]

उड़े नाद के जो कण ऊपर,
वे बन गये सितारे,
जो नीचे रह गये, कहीं हैं
फूल, कहीं अंगारे।

आशा

[1]

लोहे के पेड़ हरे होंगे।
तू गान प्रेम का गाता चल।
नम होगी यह मिट्टी जरूर,
आँसू के कण बरसाता चल।

[2]

मनु का यह पुत्र निराश नहीं,
नव धर्म-प्रदीप अवश्य जलेगा।

[3]

हार मान हो गई न जिसकी
किरण तिमिर की दासी,
न्योछावर उस एक पुरुष पर
कोटि-कोटि संन्यासी।

[4]

तिमिर-व्यूह में फँसी किरण भी
आशा है धरती की।

[5]

धरती मनुष्य की
बनेगी स्वर्ग प्रीति से।

[6]

तृषित! धर धीर मरु में
कि जलती भूमि के उर में कहीं प्रच्छन्न जल हो।
न रो! यदि आज तरु में
सुमन की गन्ध तीखी, स्यात्, कल मधुपूर्ण फल हो!

[7]

जिन्दगी गोद में उठा-उठा हलराती है
आशाओं की भीषिका झेलनेवालों को,

औ' बड़े शौक से मौत पिलाती है जीवन
अपनी छाती से लिपट खेलनेवालों को।।

[8]

आशा मनुजत्व की विजेता के विलाप में है,
आशा है मनुष्य की तुम्हारे अश्रुकण में।

ईश्वर और प्रकृति

[1]

ईश्वरीय जग भिन्न नहीं है
इस गोचर जगती से,
इसी अपावन में अदृश्य
वह पावन सना हुआ है।

[2]

शिखरों में जो मौन,
ब्रही झरनों में गरज रहा है।

[3]

जब तक प्रकृति विभक्त पड़ी है
श्वेत-श्याम खंडों में,
विश्व तभी तक माया का
मिथ्या प्रवाह लगता है।

कवि

[1]

कवि स्वर्गदूत या चरम स्वप्न
विधि का तुमको सुकुमार कहें?
नन्द-कानन का पुष्प, व्यथा–
जग का या राजकुमार कहें?

[2]

कवि! तुम अनंग बन कर आये
फूलों का मृदु शर-चाप लिये,

चिर-दुखी विश्व के लिए प्रेम का
एक और संताप लिये।

[3]

रागिनी तुम्हारी धमनी में बजने वाली,
मैं दाह तुम्हारे भीतर भरे अनल का हूँ।
शंपाओं की हूँ कड़क तुम्हारे ही नभ की,
गर्जन मैं तुममें छिपे हुए बादल का हूँ।

[4]

हो कहाँ? अग्निधर्मा, नवीन ऋषियो! जागो,
कुछ नई आग, नूतन ज्वाला की सृष्टि करो,
शीतल प्रमाद से ऊँघ रहे हैं जो, उनकी
मखमली सेज पर चिनगारी की वृष्टि करो।

[5]

चिन्तको! चिन्तना की तलवार गढ़ो रे!
ऋषियो! कृशानु-उद्दीपक मंत्र पढ़ो रे!

[6]

गाओ कवियो! जयगान, कल्पना तानो,
आ रहा देवता जो, उसको पहचानो।

[7]

नेता निमग्न दिन-रात शान्ति-चिन्तन में,
कवि-कलाकार ऊपर उड़ रहे गगन में।

[8]

हमारा व्यय?
हवा के खेत में कुछ स्वप्न बो देना।
हमारी आय?
अम्बर में हजारों फूल खिलते हैं।

[9]

कवि को चाहे संसार भेंट दे जो, लेकिन,
बदले में वह निष्कपट गीत ही देता है।

[10]

मानवता का तू विप्र,
गन्ध-छाया का आदि पुजारी है।
वेदना-पुत्र! तू तो केवल
जलने भर का अधिकारी है।

[11]

स्पष्ट शब्द मत चुनो, चुनो
उनको, जो धुँधियाले हैं।

[12]

सपनों का वह सारथी, यान जिसका कोमल
आँखों से ओझल हृदय-हृदय में चलता है;
जिसके छूते ही मन की पलक उघर जाती,
विश्वास भ्रान्ति को भेद दीप-सा बलता है।

[13]

तैरता हवा में जो, वह क्या भारी होगा?
सपनों के तो सारथी क्षीणबल होते हैं।
संसार पुष्प से अपने को भूषित करता,
ये गंध-भार अपनी आत्मा में ढोते हैं।

[14]

कवि-सा तो जी सका नहीं,
आशीष दो, कवि की मौत मरूँ।

[15]

कला की सेविके! यह साधना
ही है अभागों की;
न माया ही जिसे मिलती,
न जिसको राम मिलते हैं।

[16]

पर, इसे नहीं रोने का भी अवकाश मिला,
सारा जीवन कट गया आग सुलगाने में।
आखिर वह भी सो गया, जिन्दगी ने जिसको
था लगा रखा सोतों को छेड़ जगाने में।

कर्मठ ज्ञान

[1]

बड़ी कविता कि जो
इस भूमि को सुन्दर बनाती है।
बड़ा वह ज्ञान, जिससे
व्यर्थ की चिन्ता नहीं होती।

[2]

स्वप्न को आकार देने की घड़ी है,
चिन्तना को छोड़कर कुछ श्रम करो।

बुद्धि के खर व्यूह से बाहर निकलकर
खेत में उद्यम करो, उद्यम करो।

[3]

ज्ञान की आराधना दिन का शयन है,
क्लेश से निस्तार केवल कर्म से है;
दर्शनों से सिद्धियाँ किसको मिली हैं?
जीव का उद्धार केवल धर्म से है।

[4]

लिख सको, तो उँगलियों से खोद कर,
एक छोटा काव्य भूतल पर लिखो,
बुद्धि के बल पर जिसे पहले लिखा था,
आज उसको बाहु के बल पर लिखो।

[5]

एक द्रुम जिसके लगाये लग सके,
काव्य के जग का सहज नायक वही है।
प्रेरणा जिसके जगाये जग सके,
देश का सबसे बड़ा गायक वही है।

[6]

श्रम है केवल सार, काम करना अच्छा है।
चिन्ता है दुःख-भार, सोचना पागलपन है।

कल्पना

[1]

वाण ही होते विचारों के नहीं केवल,
स्वप्न के भी हाथ में तलवार होती है।

[2]

जहाँ तक सत्य की पूजा,
वहीं तक धर्म गेही का,
कला में स्वप्न जब भरते,
शुरू संन्यास होता है।

[3]

देखती कला विधि के विधान में भी त्रुटियाँ
कल्पना, सत्य ही, खाम-खयाली होती है।

[4]

बढ़ाओ कल्पना का जाल,
तब भी स्वप्न बाकी है;
लगाओ तर्क के सोपान,
तब भी प्रश्न रहते हैं।

काम

[1]

काम-कृत्य वे सभी दुष्ट हैं,
जिनके सम्पादन में
मन-आत्माएँ नहीं, मात्र
दो वपुस् मिला करते हैं।

[2]

सतत भोग-रत नर क्या जाने
तीक्ष्ण स्वाद जीवन का?

उसे जानता वह, जिसने
कुछ दिन उपवास किया हो।

[3]

काम धर्म, काम ही पाप है,
काम किसी मानव को
उच्च लोक से गिरा
हीन पशु-जन्तु बना देता है;
और किसी मन में असीम
सुषमा की तृषा जगा कर
पहुँचा देता उसे किरण–
सेवित अति उच्च शिखर पर।

[4]

सेक्स का यह रहस्य पहचानो,
उसे आगे दौड़नेवाला प्रवाह जानो।
जिसका पानी मर गया है,
सेक्सहीन मनुष्य वह डाबर या सोता है।
सेक्सहीन लोगों से
जीवन उत्पन्न नहीं होता है।

[5]

शरीर तो अपने आपमें पवित्र है।
गन्दा है तो वह दिमाग का नाला है
जो आदमी के भीतर बहता है।
मन के कारण शरीर पाप सहता है।

गर्वोक्ति

[1]

ज्योतिर्धर कवि मैं ज्वलित सौर मंडल का,
मेरा शिखण्ड अरुणाभ, किरीट अनल का।
रथ में प्रकाश के अश्व जुते हैं मेरे,
किरणों में उज्ज्वल गीत गुँथे हैं मेरे।

मैं उदय-प्रान्त का सिंह प्रदीप्त विभा से,
केसर मेरे बलते हैं कनक-शिखा से।
उदयाचल पर आलोक-शरासन ताने
आया मैं उज्ज्वल गीत विभा के गाने।

मैं विभा-पुत्र, जागरण गान है मेरा,
जग को अक्षय आलोक दान है मेरा।
कोदण्ड-कोटि पर स्वर्ग लिये चलता हूँ,
कर-गत दुर्लभ अपवर्ग किये चलता हूँ।

मस्तक में भर अभिमान दिया करता हूँ,
पतनोन्मुख को उत्थान दिया करता हूँ।
म्रियमाण जाति को प्राण दिया करता हूँ,
पीयूष-प्रभामय गान दिया करता हूँ।

[2]

सोख लूँ बन कर जिसे अगस्त्य,
कहाँ बाधक वह सिन्धु अथाह?
कहो, खाण्डव-वन वह किस ओर,
आज करना है जिसका दाह?
फोड़ पैठूँ अनन्त पाताल?
लूट लाऊँ वासव का देश?
चरण पर रख दूँ तीनों लोक?
स्वामिनी! करो शीघ्र आदेश।

[3]

हटो, व्योम के मेघ! पन्थ से,
स्वर्ग लूटने हम आते हैं।

[4]

महीं का सूर्य होना चाहता हूँ,
विभा का तूर्य होना चाहता हूँ।

[5]

भुजा की थाह पाना चाहता हूँ,
हिमालय को उठाना चाहता हूँ।

[6]

चरण का भार लो, सिर पर सँभालो,
नियति की दूतियो! मस्तक झुका लो।

[7]

मर्त्य मानव की विजय का तूर्य हूँ मैं,
उर्वशी! अपने समय का सूर्य हूँ मैं।

[8]

सुनूँ क्या सिंधु, मैं गर्जन तुम्हारा?
स्वयं युगधर्म का हुंकार हूँ मैं।

[9]

मैं स्वर्ग-देश का जयी वीर,
भू पर छाया शासन मेरा,

हाँ, किया वहन नतभाल, दमित
मृगपति ने सिंहासन मेरा।

[10]

विषधारी! मत डोल कि मेरा
आसन बहुत कड़ा है;
कृष्ण, आज लघुता में भी,
साँपों से बहुत बड़ा है।
आया हूँ बाँसुरी-बीच
उद्धार लिये जनगण का,
फण पर तेरे खड़ा हुआ हूँ
भार लिये त्रिभुवन का।

गांधी

[1]

तू सहज शान्ति का दूत, मनुज के
सहज प्रेम का अधिकारी,
दृग में उँडेल कर सहज शील
देखती तुझे दुनिया सारी।
धरती की छाती से अजस्र
चिरसंचित क्षीर उमड़ता है,
आँखों में भर कर सुधा तुझे
यह अम्बर देखा करता है।
कोई न भीत, कोई न त्रस्त,
सब ओर प्रकृति है प्रेम-भरी,

निश्चिन्त जुगाली करती है
छाया में पास खड़ी बकरी।

[2]

क्या हार-जीत खोजे कोई
उस अद्भुत पुरुष अहन्ता की,
हो जिसकी संगर-भूमि बिछी
गोदी में जगन्नियन्ता की?
संगर की अद्भुत भूमि, जहाँ
पड़ने वाला प्रत्येक कदम—
है विजय; पराजय भी जिसकी
होती न प्रार्थनाओं से कम।
संगर की अद्भुत भूमि, नहीं
कुछ दाह, न कोई कोलाहल,
चल रहा समर सबसे महान्,
पर, कहीं नहीं कुछ भी हलचल।

[3]

तू चला, लोग कुछ चौंक पड़े,
'तूफान उठा या आँधी है?'
ईसा की बोली रूह—अरे,
यह तो बेचारा गांधी है!

[4]

चाहता प्रेमरस पाना तो
हिम्मत कर, बढ़ कर बलि हो जा,

मत सोच मिलेगा क्या पीछे,
पहले तो आप स्वयं खो जा।
है प्रेम-लोक का नियम, सहन कर
जो बीते, कुछ बोल नहीं;
हैं पाँव खड्ग की धारा पर,
चल बँधी चाल में, डोल नहीं।

[5]

प्रेमी की यह पहचान, परुषता
को न जीभ पर लाते हैं,
दुनिया देती है जहर, किन्तु,
वे सुधा छिड़कते जाते हैं।

[6]

चालीस कोटि के पिता चले,
चालीस कोटि के प्राण चले;
चालीस कोटि हतभागों की
आशा, भुजबल, अभिमान चले।
यह रूह देश की चली, अरे,
माँ की आँखों का नूर चला;
दौड़ो, दौड़ो, तज हमें
हमारा बापू हमसे दूर चला।
रोको, रोको, नगराज, पन्थ,
भारतमाता चिल्लाती है,
है जुल्म! देश को छोड़ देश की
किस्मत भागी जाती है।

[7]

गांधी अगर जीत कर निकले, जल-धारा बरसेगी,
हारे, तो तूफान इसी ऊमस से फूट पड़ेगा।

[8]

ना, गांधी सेठों का चौकीदार नहीं है,
न तो लौहमय छत्र जिसे तुम ओढ़ बचा लो
अपना संचित कोष मार्क्स की बौछारों से।

[9]

देख रहे हो, गांधी पर
कैसी विपत्ति आई है?
तन तो उसका गया, नहीं क्या
मन भी शेष बचेगा?

चरित्र

[1]

नर का भूषण विजय नहीं,
केवल चरित्र उज्ज्वल है।

[2]

चिन्तन कर यह जान
कि तेरी क्षण-क्षण की चिन्ता से
दूर-दूर तक के भविष्य का
मनुज जन्म लेता है।

उठा चरण यह सोच
कि तेरे पद के निक्षेपों की
आगामी युग के कानों में
ध्वनियाँ पहुँच रही हैं।

चिन्तन और क्रिया

कहूँ जो, पाल उसको, धर्म है यह,
हनन कर शत्रु का, सत्कर्म है यह।
क्रिया को छोड़ चिन्तन में फँसेगा,
उलट कर काल तुझको ही ग्रसेगा।

जीवन

[1]

मुरदों में केवल वही जिन्दगीवाले थे,
जो फूल उतारे बिना लौटकर आ न सके।

[2]

मृत्यु का तन आग है, अंगार है।
जिन्दगी हरियालियों की धार है।

[3]

चूम कर मृत को जिलाती जिन्दगी।
फूल मरघट में खिलाती जिन्दगी।

[4]

खोज लेती है सुधा पाषाण में,
जिन्दगी रुकती नहीं चट्टान में।

[5]

छेनी टाँकी क्या करें? जिन्दगी की साँसें
लोहे पर धर कर नहीं बनाई जाती हैं।

[6]

जीवन उनका नहीं युधिष्ठिर!
जो उससे डरते हैं,
वह उनका, जो चरण रोप
निर्भय होकर लड़ते हैं।

[7]

जिन्दगी, आह! वह एक झलक रंगीनी की,
नंगी उँगली जिसको न कभी छू पाती है।

हम जभी हाँफते हुए चोटियों पर चढ़ते,
वह खोल पंख चोटियाँ छोड़ उड़ जाती है।

[8]

तुम्हें चाह जिसकी, वह कलिका
इस वन में खिलती न कहीं,
खोज रहा मैं जिसे, जिन्दगी
वह मुझको मिलती न कहीं।

[9]

मूक, उदासी-भरे, दीन,
बेटे सम्पन्न मही के
मृत्यु-विवर के पास
आज भी जीवन खोज रहे हैं।

[10]

जो अदृश्य से निकल
जन्म लेने के लिए विकल है,
आगही दो उन्हें, यहाँ
जीवन की कनकपुरी में,
पहले दरवाजे पर भी
साँपों की कमी नहीं है।

[11]

जहाँ भुजा का एक पंथ हो,
अन्य पन्थ चिन्तन का,
सम्यक् रूप नहीं खुलता
उस द्विधा-ग्रस्त जीवन का।

[12]

इस चार दिनों के जीवन को
मैं तो कुछ नहीं समझता हूँ।
करता हूँ वही, सदा जिसको
भीतर से सही समझता हूँ।

तपस्या

[1]

नरता का आदर्श तपस्या
के भीतर पलता है।
देता वही प्रकाश आग में
जो अभीत जलता है।

[2]

जग के विकास-क्रम में
जो जितना महीयान,

है उसका तप उतना चिरायु,
उतना महान्!

[3]

तप से जीवन का जन्म,
इसे तप रहा पाल,
है टिकी तपस्या पर
विधि की रचना विशाल।

तलवार

[1]

तलवार पुण्य की सखी, धर्म-पालक है,
लालच पर अंकुश कठिन, लोभ-सालक है।
असि छोड़, भीरु बन जहाँ धर्म सोता है,
पातक प्रचंडतम वहीं प्रकट होता है।

[2]

तलवारें सोतीं जहाँ बन्द म्यानों में,
किस्मतें वहाँ सड़ती हैं तहखानों में।

[3]

विद्युत् बन छूटती समर में जो कृपाण लोहे की,
भट्ठी में पीछे, विचार में प्रथम गढ़ी जाती है।

दम्पती

[1]

एक संग हम युवा,
संग ही संग वृद्ध होते हैं।

[2]

एक नाव पर चढ़े हुए
हम उदधि पार करते हैं।

[3]

पहले भी जब हुआ पूर्ण
कटु तप महर्षि कर्दम का,
स्वर्ग नहीं, वर में ऋषि ने
नारी मनोज्ञ माँगी थी।

[4]

गृहिणी की यदि सुने,
गेह से कौन निकल सकता है?

[5]

इसीलिए, दायित्व गहन, दुस्तर गृहस्थ नारी का,
क्षण-क्षण सजग, अनिद्र-दृष्टि देखना उसे पड़ता है,
अभी कहाँ है व्यथा? समर से लौटे हुए पुरुष को–
कहाँ लगी है प्यास, प्राण में काँटे चुभे हैं?

[6]

पर, तब भी हम छिन्न नहीं इतिहासों की धारा से।
कौन नहीं जानता, पुरुष जब थकता कभी समर में,
किस मुख का कर ध्यान, याद कर किसके स्निग्ध दृगों को,
क्लान्ति छोड़ वह पुनः नये पुलकों से भर जाता है?

[7]

पग-पग पर झरते कुसुम, सुकोमल पथ है,
रानी! कबरी का बंध तुम्हारा श्लथ है।
झिलमिला रही मुसकानों से अँधियाली,
चलता अबाध, निर्भय राजा का रथ है।

[8]

किरणों का कर अवरोध उड़ा अंचल है,
छाया में राजा मना रहा मंगल है।
रानी, राजा को ज्ञात न, पर, अनजाने
भ्रू-इंगित पर वह घूम रहा पल-पल है।

[9]

तुम बूढ़ी भले ही हो जाओ,
मगर, मैं तुम्हारी राह देखता रहूँगा।
और हमेशा यही कहूँगा
कि तुम नई की नई हो
और मैं जवान हूँ।
तुम्हारे नजदीक रहता हूँ,
इसलिए, भागवान हूँ।

दान

[1]

जीवन का अभियान
दान-बल से अजस्र चलता है;
उतनी बढ़ती ज्योति,
स्नेह जितना अनल्प जलता है।

[2]

आत्मदान के साथ
जगज्जीवन का ऋजु नाता है,

जो देता जितना,
बदले में उतना ही पाता है।

[3]

दिखलाना कार्पण्य,
आप अपने धोखा खाना है;
रखना दान अपूर्ण
रिक्त निज का ही रह जाना है।

[4]

दान जगत् का प्रकृत धर्म है,
मनुज व्यर्थ डरता है,
एक रोज तो हमें स्वयं
सब कुछ देना पड़ता है।

धर्म

[1]

सब आँख मूँद कर लड़ते हैं
जय इसी लोक में पाने को,
पर कर्ण जूझता है कोई
ऊँचा सद्धर्म निभाने को।

[2]

यह देह टूटनेवाली है,
इस मिट्टी का कब तक प्रमाण?

मृत्तिका छोड़ ऊपर नभ में
भी तो ले जाना है विमान।

[3]

भुवन की जीत मिटती है भुवन में,
उसे क्या खोजना गिरकर पतन में?
शरण केवल उजागर धर्म होगा।
सहारा अन्त में सत्कर्म होगा।

[4]

है धर्म पहुँचना नहीं,
धर्म तो जीवन भर चलने में है,
फैला कर पथ पर स्निग्ध ज्योति
दीपक-समान जलने में है।

[5]

शील मुकुट नरता का
सबसे बड़ी भव्यता का है;
नहीं धर्म से बढ़कर कोई
मित्र सभ्यता का है।

[6]

हो जिसे धर्म से प्रेम, कभी
वह कुत्सित कर्म करेगा क्या?
बर्बर, कराल, दंष्ट्री बनकर
मारेगा और मरेगा क्या?

नारी

[1]

दृष्टि तुमने फेरी जिस ओर,
गई खिल कमल-पंक्ति अम्लान,
हिंस्र मानव के कर से स्रस्त,
शिथिल गिर गये धनुष औ' वाण।

हो गया मदिर दृगों को देख
सिंह-विजयी बर्बर लाचार,
रूप के एक तंतु में नारि!
गया बँध मत्त गयन्द-कुमार।

एक इंगित पर दौड़ शूर
कनक-मृग पर हो कर हतज्ञान,
हुई ऋषियों के तप का मोल
तुम्हारी एक मधुर मुसकान।

पुरुष पँखुड़ी को रहा निहार
अयुत जन्मों से छवि पर भूल,
आज तक जान न पाया नारि,
मोहिनी इस माया का मूल।

[2]

सहसा आईं तुम मुझ अजेय को
हँसकर जय करने वाली,
आधी मधु, आधी सुधा-सिक्त
चितवन का शर भरनेवाली।

[3]

शुभे! त्रिया का जन्म ग्रहण
करने में बड़ा सुयश है।
चन्द्राहत कर विजय प्राप्त
कर लेना वीर नरों पर
बड़ी शक्ति है; शुचिस्मिते!
शूरता इसे कहता हूँ।

[4]

नारी के भीतर असीम जो
एक और नारी है,
सोचा है, उसकी रक्षा
पुरुषों में कौन करेगा?

[5]

वक्ष प्रतीप कमल, जिन पर दो मूँगे जड़े हुए हैं,
त्रिवली किसी स्वर्ण-सरसी में उठती हुई लहर-सी,
किन्तु, नहीं श्लथ हुईं भुजाएँ किन विक्रमी नरों की
आलिंगन में इस मरीचिका को समेट रखने में?

[6]

तुम्हारे अधरों का रस प्राण!
वासना-तट पर पिया अधीर;
अरी, ओ माँ, हमने है पिया
तुम्हारे स्तन का उज्ज्वल क्षीर।

[7]

पगली! कौन व्यथा है,
जिसको नारी नहीं सहेगी?

[8]

सुमन मूक सौन्दर्य और
नारियाँ सवाक् सुमन हैं।

[9]

वही धन्य, जो विभव नहीं,
यश को अर्पित होती है।

[10]

परम सत्य की स्मिति उदार,
मैं देवी, मैं नारी हूँ।

[11]

सत्त्ववती नारी अंकन-पट
है भविष्य के कर का।

[12]

नारी ही वह महासेतु, जिस पर
अदृश्य से चलकर
नये मनुज, नव प्राण
दृश्य जग में आते रहते हैं।

[13]

नारी ही वह कोष्ठ, देव,
दानव, मनुष्य से छिपकर
महाशून्य चुपचाप जहाँ
आकार ग्रहण करता है।

[14]

त्रिया! हाय, छलना मनोज्ञ वह!
पुरुष मग्न हँसता है;
जब चाहिए उसे रो उठना
कंठ फाड़, चिल्लाकर।

[15]

नारी-क्रिया नहीं, वह केवल
क्षमा, शान्ति, करुणा है।

[16]

त्यागमयी हम कभी नहीं
रुकती हैं अधिक समय तक
इतिहासों की आग बुझाकर
भी उनके पृष्ठों में।

[17]

रूपसी नारी प्रकृति का चित्र है सबसे मनोहर।

[18]

भामा ह्लादिनी-तरंग, तडिन्माला है।
वह नहीं काम की लता, वीर बाला है।
आधी हालाहल-धार अर्ध हाला है।
जब भी उठती हुंकार युद्ध-ज्वाला है,
चंडिका कान्त को मुण्डमाल देती है।
रथ के चक्के में भुजा डाल देती है।

पुरुष

[1]

मुसीबत को नहीं जो झेल सकता,
निराशा से नहीं जो खेल सकता,
पुरुष क्या, शृंखला को तोड़ करके
चले आगे नहीं जो जोर करके?

[2]

नई सिद्धि-हित नित्य नया
संघर्ष चाहता है नर।

[3]

तू पुरुष तभी तक, गरज रहा
जब तक भीतर यह वैश्वानर।

[4]

बुझ जाय मृत्ति का अनल,
स्वर्गपुर का तू इतना ध्यान न कर
जो तुझे दीप्ति से सजती है,
उस ज्वाला का अपमान न कर

[5]

पुरुष वहीं विक्रान्त, भीम,
दुर्जय, कराल होता है,
जहाँ सामने तथ्य खड़े हों,
अरि हों, चट्टानें हों।
पर, जब कभी युद्ध ठन जाता
इसी अजेय पुरुष का
अपने ही मन की तरंग,
अपनी ही किसी तृषा से,
उससे बढ़कर और कौन
कायर जग में होता है?
कर लेता है आत्मघात,
क्या कथा यतीत्व-ग्रहण की?

[6]

पर के फेंके हुए पाश से
पुरुष नहीं डरता है।
पर, फँस जाता जभी वीर
अपनी निर्मित उलझन में,
निकल भागने की उसको
तब राह नहीं मिलती है।

[7]

खम ठोंक ठेलता है जब नर,
पर्वत के जाते पाँव उखड़।
मानव जब जोर लगाता है,
पत्थर पानी बन जाता है।

[8]

जो भी पुरुष निष्पाप है,
निष्कलंक है, निडर है;
उसे प्रणाम करो,
क्योंकि वह छोटा-मोटा ईश्वर है।

प्रेम

[1]

नेह लगाने का जग में
परिणाम यही होता है,
एक भूल के लिए आदमी
जीवन भर रोता है।

[2]

प्रेम का उन्माद जिन-जिन को चढ़ा,
मिट गये उतना, नशा जितना बढ़ा।

मर मिटो, यह प्रेम का शृंगार है,
बेखुदी इस देश में त्योहार है।
जल गये जो-जो लिपट अंगार से,
चाँद बन वे ही उगे फिर क्षार से।
प्रेम की जय बोल पग-पग पर मिटो,
भय नहीं, आराध्य के मग पर मिटो।
हाँ, मजा तब है कि हिम रह-रह गले,
वेदना हर गाँठ पर धीमे जले।

[3]

पड़ जाता चस्का जब मोहक
प्रेम-सुधा पीने का,
सारा स्वाद बदल जाता है
दुनिया में जीने का।

[4]

अन्तर्दाह मधुर मंगल सखि!
प्रीति-स्वाद कुछ ज्ञात उसे, जो
सुलग रहा तिल-तिल पल-पल सखि;

[5]

और प्रेम? वह बना नहीं क्यों
अश्रुधार करुणा की,

आराधन उन दिव्य देवता का
जो छिपे हुए हैं
रमणी के लावण्य, रमा-मुख
के प्रकाश-मंडल में?

[6]

कहते हैं, धरती पर
सब रोगों से कठिन प्रणय है।

[7]

जो भी करती प्रेम,
उसे माता बनना होता है।

[8]

जो पद पर चढ़ गई,
चाँदनी फीकी वह लगती है।

[9]

वपु तो केवल ग्रन्थ मात्र है,
क्या हो काय-मिलन से?
तन पर जिसे प्रेम लिखता,
कविता आती वह मन से।

[10]

दाह मात्र ही नहीं, प्रेम
होता है अमृत-शिखा भी।
नारी जब देखती पुरुष को
इच्छा-भरे नयन से,
मन में किसी कान्त कवि को भी
जन्म दिया करती है।

[11]

तूने बन्दी किया हृदय में,
देवि! मुझे तो स्वर्ग मिला,
आलिंगन में बँधा और
ढीली जग की जंजीर हुई।

[12]

जगता प्रेम प्रथम लोचन में,
तब तरंग-निभ मन में,
प्रथम दीखती प्रिया
एक-देही, फिर व्याप्त भुवन में।

[13]

पहले प्रेम स्पर्श होता है,
तदनन्तर चिन्तन भी,

प्रणय प्रथम मिट्टी कठोर है,
तब वायव्य गगन भी।

[14]

बाधक है यह प्रेम आप ही
अपनी ऊर्ध्व प्रगति का।

[15]

लिया-दिया यह नहीं, मात्र
यह ग्रहण किया जाता है।

[16]

जिस मधुर भूमिका में तुमको
दर्शन-तरंग पहुँचाती है,
उस दिव्य लोक तक मुझे
प्रेम की नाव सहज ले जाती है।

[17]

बलिहारी उस पूर्ण प्रेम की
जिसकी क्षिप्र लहर में,
केवल मन ही नहीं,
अंग-संज्ञा भी खो जाती है।

[18]

सदा छाँह में पलो, प्रेम यह
भोग-निरत प्रेमी का,
पर, योगी का प्रेम धूप से
छाया में आना है।

[19]

जिसने भी की प्रीति,
वही अपने विदीर्ण प्राणों में
लिये चल रहा व्रण,
शोणितमय तिलक प्रेम के कर का।
और चोट जिसकी जितनी ही अधिक,
घाव गहरा है,
वह उतना ही कम अधीर है
व्यथा-मुक्ति पाने को।

[20]

उद्दाम प्रीति बलिदान-बीज बोती है।
तलवार प्रेम से और तेज होती है।

प्रवृत्ति-दर्शन

[1]

रे, रोक युधिष्ठिर को न यहाँ,
जाने दे उनको स्वर्ग धीर!
पर, फिरा हमें गाण्डीव-गदा,
लौटा दे अर्जुन-भीम वीर।

[2]

जीवन उनका नहीं युधिष्ठिर!
जो उससे डरते हैं,

वह उनका, जो चरण रोप,
निर्भय होकर लड़ते हैं।

[3]

धर्मराज! कर्मठ मनुष्य का
पथ संन्यास नहीं है।
नर जिस पर चलता, वह मिट्टी
है, आकाश नहीं है।

[4]

मरे हुओं पर धर्मराज!
अधिकार न कुछ जीवन का,
ढोना पड़ता सदा जीवितों
को ही भार भुवन का।

[5]

ऊपर सब कुछ शून्य-शून्य है,
कुछ भी नहीं गगन में,
धर्मराज! जो कुछ है, वह है
मिट्टी में, जीवन में।

[6]

जो भी करता सुधा-पान,
उसको रखना पड़ता है

एक हाथ रस के घट पर,
दूसरा मरण-ग्रीवा पर।

[7]

जो सत्य राख में सने, रुक्ष, रूठे हैं,
छोड़ो उनको, वे सही नहीं, झूठे हैं।

[8]

चढ़ तुंग शैल-शिखरों पर सोम पियो रे!
योगियों नहीं, विजयी के सदृश जियो रे!

भाग्य और पुरुषार्थ

[1]

महाराज! उद्यम से विधि का
अंक उलट जाता है,
किस्मत का पासा पौरुष से
हार पलट जाता है।

[2]

सौभाग्य न सब दिन सोता है,
देखें, आगे क्या होता है!

[3]

अज्ञात-शील-कुलता का विघ्न न माना,
भुजबल को मैंने सदा भाग्य कर जाना।

[4]

बाधाओं के ऊपर चढ़ धूम मचाकर
पाया मैंने सब कुछ पौरुष को पाकर।

[5]

जनमा लेकर अभिशाप, हुआ वरदानी
आया बनकर कंगाल, कहाया दानी।
दे दिये मोल, जो भी जीवन ने माँगे
सिर नहीं झुकाया कभी किसी के आगे।

[6]

ब्रह्मा से कुछ लिखा भाग्य में
मनुज नहीं लाया है।
अपना सुख उसने अपने
भुजबल से ही पाया है।

[7]

भाग्यवाद आवरण पाप का
और शस्त्र शोषण का

[8]

एक मनुज संचित करता है
अर्थ पाप के बल से,
और भोगता उसे दूसरा
भाग्यवाद के छल से।

[9]

नर-समाज का भाग्य एक है,
वह श्रम, वह भुजबल है।

भारत

[1]

मानचित्र में जो मिलता है
नहीं देश भारत है।
भू पर नहीं, मनों में ही,
बस, कहीं शेष भारत है।

[2]

भारत एक स्वप्न भू को
ऊपर ले जाने वाला;
भारत एक विचार
स्वर्ग को भू पर लाने वाला।

[3]

भारत एक भाव, जिसको
पाकर मनुष्य जगता है।
भारत एक जलज, जिस पर
जल का न दाग लगता है।

[4]

भारत है संज्ञा विराग की,
उज्ज्वल आत्म-उदय की,
भारत है आभा मनुष्य की
सबसे बड़ी विजय की।

[5]

भारत वहाँ, जहाँ जीवन-
साधना नहीं है भ्रम में,
धाराओं को समाधान
है मिला हुआ संगम में।

[6]

जहाँ त्याग माधुर्यपूर्ण हो,
जहाँ भोग निष्काम,
समरस हो कामना, वहीं
भारत को करो प्रणाम।

[7]

भारत नहीं स्थान का वाचक,
गुण-विशेष नर का है।
एक देश का नहीं, शील
यह भूमंडल भर का है।

[8]

गांधी, बुद्ध, अशोक नाम हैं बड़े दिव्य सपनों के;
भारत स्वयं मनुष्य-जाति की बहुत बड़ी कविता है।

[9]

गरज कर बता सब को, मारे किसी के
मरेगा नहीं हिन्द-देश,
लहू की नदी तैर कर आ गया है
कहीं से कहीं हिन्द-देश।

[10]

संस्कृति से संपृक्त यहाँ
विज्ञान मुक्त-दव होगा,
हुआ कहीं जो नहीं और,
भारत में सम्भव होगा।

[11]

एक हाथ में कमल, एक में
धर्म-दीप्त विज्ञान
लेकर उठनेवाला है
धरती पर हिन्दुस्तान।

माता

[1]

माँ बनते ही त्रिया
कहाँ से कहाँ पहुँच जाती है!

[2]

केवल भ्रूण-वहन, केवल
प्रजनन मातृत्व नहीं है,
माता वही, पालती है
जो शिशु को हृदय लगाकर।

[3]

अंचल के सुकुमार फूल को
वह यों देख रही है,
फूट रही हो धार दूध की ही
ज्यों भरे नयन से।

[4]

माँ के दिल की आग
चमकती है बेटे की असि में
कहना है जो कुछ उसको,
वह पुत्र कहा करता है।

[5]

नारी की पूर्णता पुत्र को
स्वानुरूप करने में
करते हैं साकार पुत्र ही
माता के सपने को।

मृत्यु

[1]

है एक पन्थ, कोई जीते या हारे,
खुद मरे या कि बढ़कर दुश्मन को मारे;
एक ही देश दोनों को जाना होगा;
बचने का कोई नहीं बहाना होगा।

[2]

आपस में हम हों खरे याकि हों खोटे,
पर, काल बली के लिए सभी हैं छोटे।

[3]

प्रलय-वृन्त पर डोल रहा है
यह जीवन दीवाना,
अरी, मौत का निःश्वासों से
होगा मोल चुकाना।

[4]

जिस दिन माँझी आयेगा
ले चलने को उस पार सखी!
यह मोहक जीवन देना
होगा उसको उपहार सखी!

[5]

यहाँ देखता कौन कि यह
नतमस्तक, वह अभिमानी?
उठती एक हिलोर, डूबते
पंडित औ' अज्ञानी।

[6]

इस चाँदनी बाद आयेगा
यहाँ विकट अँधियाला,
यही बहुत है छलक न पाया
जो अब तक यह प्याला।

[7]

महाप्रलय की ओर सभी को
इस मरु में चलते देखा;
किससे लिपट जुड़ाता?
सबको ज्वाला में जलते देखा।

[8]

अन्तिम बार चिता-दीपक में
जीवन को बलते देखा,
चलते समय सिकन्दर-से
विजयी को कर मलते देखा।

[9]

दो गज झीनी कफनी में
जीवन की साध समेटे,
सो रहे कब्र में कितने
तन से इतिहास लपेटे?

मैत्री

[1]

मैत्री की बड़ी सुखद छाया,
शीतल हो जाती है काया।
धिक्कार-योग्य होगा वह नर,
जो पाकर भी ऐसा तरुवर,

हो अलग खड़ा कटवाता है,
खुद आप नहीं कट जाता है।

[2]

जिस नर की बाँह गही मैंने,
जिस तरु की छाँह गही मैंने,
उस पर न वार चलने दूँगा।
कैसे कुठार चलने दूँगा?

जीते जी उसे बचाऊँगा
या आप स्वयं कट जाऊँगा।

[3]

मित्रता बड़ा अनमोल रतन,
कब उसे तोल सकता है धन?
धरती की तो है क्या बिसात?
आ जाय अगर बैकुंठ हाथ,

उसको भी न्योछावर कर दूँ,
कुरुपति के चरणों पर धर दूँ।

युग-पुरुष

सबकी पीड़ा के साथ व्यथा
अपने मन की जो जोड़ सके,
मुड़ सके जहाँ तक समय, उसे
निर्दिष्ट दिशा में मोड़ सके।

युग-पुरुष वही सारे समाज का
विहित धर्म-गुरु होता है
सबके मन का जो अन्धकार
अपने प्रकाश से धोता है।

युद्ध

[1]

युद्ध को बुलाता है अनीति-ध्वजधारी याकि
वह जो अनीति-भाल पै दे पाँव चलता?
कौन है बुलाता युद्ध, जाल जो बनाता
या जो जाल तोड़ने को क्रुद्ध काल-सा निकलता?

[2]

पापी कौन? मनुज से उसका
न्याय चुराने वाला?

या कि न्याय खोजते विघ्न का
सीस उड़ाने वाला?

[3]

तब भी श्येन-धर्म ही सच है,
गलत युद्ध में पिक है।

[4]

समर पाप साकार, समर क्रीड़ा है पागलपन की।

[5]

समर हारने से बढ़कर घातक न दूसरा पाप है।

[6]

पुण्य खिलता है चंद्रहास की विभा में तब,
पौरुष की जागृति कहाती धर्म-युद्ध है।

[7]

युद्ध को तुम निंद्य कहते हो, मगर,
जब तलक हैं उठ रहीं चिनगारियाँ
भिन्न स्वार्थों के कुलिश-संघर्ष की,
युद्ध तब तक विश्व में अनिवार्य है।

[8]

जाति-मन्दिर में जलाकर शूरता की आरती,
जा रहा हूँ विश्व से चढ़ युद्ध के ही यान पर।

[9]

मैं संग्रामों का देव मही को
मरघट करने आया हूँ,
नर के मन को विद्वेष, घृणा,
तृष्णा से भरने आया हूँ
मेरा संकल्प, महा वसुधा
को एक नहीं होने दूँगा।
मैं विश्व-देवता का भू पर
अभिषेक नहीं होने दूँगा।

[10]

जानता नहीं मैं, कुरुक्षेत्र में खिला है पुण्य,
या महान पाप यहाँ फूटा बन युद्ध है।

[11]

युद्ध को पहचानते सब लोग हैं,
जानते हैं, युद्ध का परिणाम अन्तिम ध्वंस है।

[12]

युद्ध का परिणाम?
युद्ध का परिणाम ह्रासत्रास,
युद्ध का परिणाम सत्यानास।
रुंड-मुंड-लुंठन, निहिंसन, मीच,
युद्ध का परिणाम लोहित कीच।

[13]

औ' समर तो और भी अपवाद है।
चाहता कोई नहीं इसको, मगर,
जूझना पड़ता सभी को, शत्रु जब
आ गया हो द्वार पर ललकारता।

[14]

रुग्ण होना चाहता कोई नहीं,
रोग, लेकिन, आ गया जब पास हो,
तिक्त औषधि के सिवा उपचार क्या?
शमित होगा वह नहीं मिष्टान्न से।

[15]

क्योंकि युद्ध में जीत कभी भी
उसे नहीं मिलती है,
प्रज्ञा जिसकी विकल,

द्विधा-कुंठित कृपाण की धार है;
परम धर्म पर टिकने की सामर्थ्य नहीं है
और न आपद्धर्म जिसे स्वीकार है।

[16]

विविधता जब प्रबल होती है,
लड़ाई के देवता रोते हैं;
दुनिया को एक करने की सनक से
युद्ध उत्पन्न होते हैं।

राष्ट्रवाद

[1]

टिकने देती भैंस नहीं बाहरवाली भैंसों को,
अपने खूँटे से ढकेलकर बाहर कर देती है।
यही भाव विकसित, प्रशस्त होकर नर की भाषा में
राष्ट्र, राष्ट्र का प्रेम, राष्ट्र का गौरव कहलाता है।

[2]

है कहाँ विश्व-मानव? जो हैं
केवल स्वदेश के प्राणी हैं

मानवता नहीं, मातृभू की
महिमा के सब अभिमानी हैं।

[3]

तुम जिसे मानते आये हो,
उद्देश्य सभी से अच्छा है,
जनमे हो जहाँ, जगत् भर में
वह देश सभी से अच्छा है।
तुम सर्वश्रेष्ठ हो जाति, सदा
यह हठ पवित्र करते जाओ,
इस अहंकार के पालन में।
मारते और मरते जाओ।

[4]

जलता है सब ओर यही अभिमान तुम्हारा,
जग में है जो दाह, इसी गौरव का फल है।
राष्ट्रदेव! वह भी लेता है नाम तुम्हारा,
खींच रहा जो शान्ति-सुन्दरी का अंचल है।

लेखक की सचाई

सचाई की पहचान कि पानी साफ रहे,
जो भी चाहे, ले परख जलाशय के तल को;
गहराई का वे भेद छिपाते हैं केवल,
जो जान-बूझ गदला करते अपने जल को।

बलिदान

[1]

सिर देने में जो लोग नहीं डरते हैं,
वे ही प्रभंजनों पर शासन करते हैं।

[2]

जब फूल पिरोये जाते हैं,
हम उनको गले लगाते हैं।

[3]

दीपक के जलते प्राण,
दिवाली तभी सुहावन होती है।

[4]

अंबर पर अपनी विभा प्रबुद्ध करो रे!
गरजे कृशानु, तब कंचन शुद्ध करो रे!

[5]

सिर की कीमत का भान हुआ,
तब त्याग कहाँ? बलिदान कहाँ?
गरदन इज्जत पर दिये फिरो,
जब मजा यहाँ जीने का है।

[6]

सूली ऊपर सेज पिया की,
दीवानी मीरा सो ले,
अपना देश वही देखेगा,
जो अशेष बलिदान करे।

[7]

जीवन की जल गई फसल,
तब उगे यहाँ दिल के दाने,

लहरायेगी लता, आग–
बिजली का तो सामान करे।

[8]

यह विस्मय बड़ा प्रबल है,
बल को बलहीन रिझाते;
मरने वाले हँसते हैं।
आँसू हैं, वधिक बहाते।

व्यष्टि-समष्टि

[1]

व्यष्टि-समष्टि-विवाद व्यर्थ है,
झगड़ा मनमाना है।
है समष्टि ही हार,
व्यष्टि तो मोती का दाना है।

[2]

बूँदें जब गिरतीं समुद्र में
व्यथा कौन पाती हैं?

सागर में मिलकर अगाध
सागर ही बन जाती हैं।

[3]

आते सारे भाव व्यक्तियों के
समाज से छनकर;
पुनः लौट जाते समष्टि में
ही वे गायन बनकर।

[4]

जहाँ व्यष्टि स्वाधीन बहुत है,
नाश वहाँ छायेगा।
अनुशासन के बिना व्यक्ति
कुछ प्राप्त न कर पायेगा।

[5]

झुक समष्टि के सम्मुख जिस दिन
व्यष्टि दान देती है,
तभी व्यक्ति के भीतर, करुणा
विनय जन्म लेती है।

विकास

[1]

कितनी धीमी गति है? विकास
कितना अदृश्य हो चलता है?
इस महावृक्ष में एक पत्र
सदियों के बाद निकलता है।

[2]

लक्ष्य दूर है, औ' विकास
धीमे-धीमे चलता है।
इस विशाल तरु में फल
सदियों बिना नहीं फलता है।

विधि-निषेध

[1]

विधि-निषेध हैं जहाँ,
वहाँ पर कर्म अकाम नहीं है,
विधि-निषेध कुछ नहीं,
नियम हैं वे अर्जन-वर्जन के।

[2]

विधि-निषेध, सत्य ही, स्यात्
जल पर की रेखाएँ हैं;
कोई लेख नहीं उगता
भीतर के अगम सलिल पर।

शान्ति

[1]

तब उतरेगी शान्ति,
मनुज का मन जब कोमल होगा,
जहाँ आज है गरल, वहाँ
शीतल गंगाजल होगा।

[2]

उठे जहाँ भी घोष शान्ति का,
भारत! स्वर तेरा है।

धर्मदीप हो जिसके भी
कर में, वह नर तेरा है।

[3]

शान्ति नहीं तब तक, जब तक
सुख-भाग न नर का सम हो,
नहीं किसी को बहुत अधिक हो,
नहीं किसी को कम हो।

[4]

वे देश शान्ति के सबसे शत्रु प्रबल हैं,
जो बहुत बड़े होने पर भी दुर्बल हैं।

[5]

शान्ति नाम उस रुचिर सरणि का,
जिसे प्रेम पहचाने,
खड्ग-भीत तन ही न,
मनुज का मन भी जिसको माने।

[6]

शान्ति चाहते हो तो पहले
सुमति शून्य से माँगो।

नवयुग के प्राणियो! ऊर्ध्वमुख
जागो, जागो, जागो!

[7]

न्याय शान्ति का प्रथम न्यास है,
जब तक न्याय न आता,
जैसा भी हो महल शान्ति का,
सुदृढ़ नहीं रह पाता।

[8]

कृत्रिम शान्ति सशंक आप,
अपने से ही डरती है,
खड्ग छोड़ विश्वास किसी का
कभी नहीं करती है।

[9]

शान्ति! सुशीतल शान्ति! कहाँ
वह समता देने वाली?
देखो, आज विषमता की ही
वह करती रखवाली।

[10]

आनन सरल, वचन मधुमय है,
तन पर शुभ्र वसन है।

बचो युधिष्ठिर! इस नागिन का
विष से भरा दसन है।

[11]

शान्ति के हंस को, धर्म-अवतंस को
अंक में लो, इसे प्यार दो, मान दो;
हो जहाँ भी जहर, क्षीर की दो लहर,
वाण की नोक पर फूल को तान दो।

[12]

बोलती बन्द होगी पशु की जब भय से,
उतरेगी भू पर शान्ति छूट संशय से।

[13]

अब मत लेना नाम शान्ति का,
जिह्वा जल जायेगी।
ले-देकर जो एक शब्द है बचा, उसे भी
तुम बकते यदि रहे
धरित्री समझ नहीं पायेगी।

[14]

शान्तिवाद का यह नवीन सारथी तुम्हारा
नहीं शान्ति का सखा, हलाकू है, नीरो, नमरूद है।

और उड़ाये हैं इसने उज्ज्वल कपोत जो,
उनके भीतर भरी हुई बारूद है।

[15]

जब शान्तिवादियों ने कपोत छोड़े थे,
किसने आशा से नहीं हाथ जोड़े थे?
पर, हाय, धर्म यह भी धोखा है, छल है;
उजले कबूतरों में भी छिपा अनल है।
पंजों में इनके धार धरी होती है,
कइयों में तो बारूद भरी होती है।

[16]

सुर नहीं शान्ति आँसू बिखेर लायेंगे,
मृग नहीं, युद्ध का शमन शेर लायेंगे।
विनयी न विनय की लगा टेर लायेंगे,
लायेंगे तो वह दिन दिलेर लायेंगे।

शिशु

[1]

जिसके भी भीतर पवित्रता
जीवित है शिशुता की,
उस अदोष नर के हाथों में
कोई मैल नहीं है।

[2]

शुभे! सदा शिशु के स्वरूप में
ईश्वर ही आते हैं।

महापुरुष की ही जननी
प्रत्येक जननि होती है।

[3]

रुन-झुन-झुन पैजनी चरण में,
केश कुटिल घुँघराले,
नील नयन देखो माँ! इनके
दाँत घुले हैं पय से।

[4]

सीख न पाये रेणु-रत्न का
भेद अभी ये भोले;
मुट्ठी भर मिट्टी बदलेंगे
कंचन-रचित वलय से।

शौर्य

[1]

आँधियाँ नहीं जिसमें उमंग भरती हैं,
छातियाँ जहाँ संगीनों से डरती हैं;
शोणित के बदले जहाँ अश्रु बहता है,
वह देश कभी स्वाधीन नहीं रहता है।

[2]

कर रहा काल-सा घोर समर
जय का अनन्त विश्वास लिये,
है घूम रहा निर्भय, जानें,

भीतर क्या दिव्य प्रकाश लिये!
जब भी देखो तब आँख गड़ी
सामने किसी अरिजन पर है,
भूल ही गया है एक सीस
इसके अपने भी तन पर है।

[3]

शूर-धर्म कहते छाती को तान
तीर खाने को,
शूर-धर्म कहते हँस कर
हालाहल पी जाने को।

[4]

अब जो सिर पर आ पड़े, नहीं डरना है
जनमे हैं तो दो बार नहीं मरना है।

[5]

पाओ रमणी का हृदय विजय अपना कर,
या बसो वहाँ बन कसक वीर-गति पा कर!

[6]

दो बार नहीं यमराज कंठ धरता है,
मरता है जो, एक ही बार मरता है।

[7]

धधको अभंग, पल-विपल अरुद्ध जलो रे।
धारा रोके यदि राह, विरुद्ध चलो रे।

[8]

शूरता नहीं मात्र अंगार,
शूरता नहीं मात्र रण में प्रकोप से धुँधुआती तलवार,
शूरता स्वस्थ जाति का चिर-अनिद्र, जाग्रत स्वभाव,
शूरत्व मृत्यु के वरने का निर्भीक भाव,
शूरत्व त्याग, शूरता बुद्धि की प्रखर आग,
शूरत्व मनुज का द्विधा-मुक्त चिन्तन है।

[9]

बात पूछने को विवेक से
जभी वीरता जाती,
पी जाती अपमान पतित हो
अपना तेज गँवाती।

समस्या

जो कुछ खुलता सामने, समस्या है केवल,
असली निदान पर जड़े वज्र के ताले हैं।
उत्तर, शायद, हो छिपा मूकता के भीतर,
हम तो प्रश्नों के रूप सजाने वाले हैं।

सौन्दर्य

[1]

माथे में सेंदुर पर छोटी
दो बिन्दी चम-चम-सी,
पपनी पर आँसू की बूँदें
मोती-सी, शबनम-सी।
लदी हुई कलियों से मादक
टहनी एक नरम-सी,
यौवन की बिनती-सी भोली,
गुमसुम खड़ी शरम-सी।

[2]

सद्यःस्नाता, मदभरित, सिक्त
सरसीरुह की अम्लान कली,
अक्षता, सद्य-पाताल-जनित
मदिरा की निर्झरिणी पतली।

[3]

खोजते मोह का उत्स पुरुष ने
सारी आयु वृथा खोई,
इससे न अधिक कुछ जान सका
तुम-सा न कहीं सुन्दर कोई।

[4]

बल समेट यदि कभी देवता के
चरणों में ध्यान लगा,
चिकुर-जाल से घिरा चन्द्रमुख
सहसा घूम गया मन में।

[5]

पाटल-सा मुख, सरल, श्याम दृग,
जिनमें कुछ अभिमान नहीं,
सरल, मधुर वाणी, जिससे

मादक कवियों का गान नहीं।
रेशम के धागों-से चिकने बाल,
हृदय की क्या जानूँ?
आँखें मुग्ध देखतीं, रहता
पाप-पुण्य का ध्यान नहीं।

[6]

ये नवनीत-कपोल गुलाबों
की जिनमें लाली खोई,
ये नलिनी-से नयन जहाँ
काजल बन लघु अलिनी सोई।
कोंपल से अधरों को रँग कर
कब वसन्त-कर धन्य हुआ?
किस विरही ने तन की यह
धवलिमा आँसुओं में धोई?

[7]

युग-युग से तूलिका चित्र
खींचते व्यर्थ, असहाय, थकी;
उपमा रही अपूर्ण, निखिल
सुषमा चरणों पर आन झुकी।
बार-बार कुछ गाकर कुछ की
चिन्ता में कवि दीन हुआ।

सुन्दरि! कहाँ कला अब तक भी
तुझे छन्द में बाँध सकी।

[8]

कोटर-युग को छिपा रहीं
मदमाती आँखें लाल सखी!
अस्ति-तन्तु पर ही तो हैं
ये खिले कुसुम-से गाल सखी!
और कुचों के कमल?
झरेंगे ये तो जीवन के पहले,
कुछ थोड़ा-सा मांस प्राण का
छिपा रहा कंकाल सखी।

[9]

बचे गहन से चाँद; छिपाऊँ किधर?
सोच चल होता हूँ,
मौत साँस गिनती तब भी
जब हृदय लगाकर सोता हूँ।
दया न होगी हाय, प्रलय को
इस सुन्दर मुखड़े पर भी,

जिसे चूम हँसती है दुनिया,
उसे देख मैं रोता हूँ।

[10]

और वक्ष के कुसुम-कुंज,
सुरभित विश्राम-भवन ये,
जहाँ मृत्यु के पथिक ठहरकर
श्रान्ति दूर करते हैं।

[11]

चिन्तन की लहरों के समान
सौन्दर्य-लहर में भी है बल;
सातों अम्बर तक उड़ता है
रूपसी नारि का स्वर्णांचल।

[12]

यहाँ देव-मन्दिर में भी
तब तक ही जन जाते हैं,
जब तक हरे-भरे मृदु हैं
पल्लव-प्रसून तोरण के।

[13]

दृग में सरल ज्योति पावन,
वाणी में अमृत-सरस क्या है?
ताप-विमोचन कुछ अमोघ

गुणमय यह मधुर परस क्या है?
धूलि-रचित प्रतिमे! तुम भी तो
मर्त्य-लोक की एक कली;
खोज रहा फिर यहाँ विरम
मेरा मन चकित, विवश क्या है?

[14]

अमित बार देखी है मैंने
चरम रूप की वह रेखा,
सच है, बार-बार देखा वह
विधि का अनुपमेय लेखा।
जी भर देख न सका कभी,
फिर इन्द्रजाल दिखलाओ तो,
बहुत बार देखा, पर, लगता,
स्यात् एक दिन ही देखा।

[15]

प्रकटी जब उर्वशी चाँदनी में द्रुम की छाया से–
लगा, सर्प के मुख से जैसे मणि बाहर निकली हो
याकि स्वयं चाँदनी स्वर्ण-प्रतिमा में आन ढली हो।

[16]

कुसुम-कलेवर में प्रदीप्त आभा ज्वालामय मन की,
चमक रही थी नग्न कान्ति वसनों से छनकर तन की।

हिमकण-सिक्त-कुसुम-निभ उज्ज्वल अंग-अंग झलमल था,
मानो, अभी-अभी जल से निकला उत्फुल्ल कमल था।

[17]

किसी सान्द्र वन के समान नयनों की ज्योति हरी थी,
बड़ी-बड़ी पलकों के नीचे निन्दा भरी-भरी थी।

[18]

इन कपोलों की ललाई देखते हो?
और अधरों की हँसी यह कुन्द-सी, जूही कली-सी?
गौर चंपक-यष्टि-सी यह देह श्लथ पुष्पाभरण से;
स्वर्ण की प्रतिमा कला के स्वप्न-साँचे में ढली-सी।

[19]

साँस में सौरभ, तुम्हारे वर्ण में गायन भरा है।
सींचता हूँ प्राण को इस गन्ध की भीनी लहर से
और अंगों की विभा की वीचियों से एक होकर
मैं तुम्हारे रंग का संगीत सुनता हूँ।

[20]

तुम अशेष सुन्दर हो, पर, हो कोर मात्र ही केवल
उस विराट छवि की जो घन के नीचे अभी दबी है।

[21]

यह ज्योतिर्मय रूप! प्रकृति ने किसी कनक-पर्वत से
काट पुरुष-प्रतिमा विराट निज मन के आकारों की,
महाप्राण से भर उसको फिर भू पर गिरा दिया है।

[22]

तुम अनन्त सौन्दर्य, एक तन में बस जाने पर भी,
निखिल सृष्टि में फैल चतुर्दिक् कैसे व्याप रही हो?
तुम अनन्त कल्पना, अंक चाहे जिस भाँति भरूँ मैं,
एक किरण तब भी बाँहों से बाहर रह जाती है।

[23]

ये लोचन, जो किसी अन्य जग के नभ के दर्पण हैं;
ये कपोल, जिनकी द्युति में तैरती किरण उषा की;
ये किसलय-से अधर, नाचता जिन पर स्वयं मदन है,
रोती है कामना, जहाँ पीड़ा पुकार करती है।

ये बाँहें, विधु के प्रकाश की दो नवीन किरणों-सी;
यह मुसकान, विभा जैसे दूरागत किसी किरण की;
ध्यान जगा देती मन में यह किसी असीम जगत् का,
जिसे चाहता तो हूँ, पर, मैंने न कभी देखा है।

[24]

द्राभा कहाँ? जहाँ भी ये युग मंजु चरण पड़ते हैं,
तुम्हें घेरकर खुली, मुक्त आभा-सी छा जाती है।

[25]

पाषाणों के अनगढ़ अंगों को काट-छाँट
मैं ही निविडस्तन-नता, मुष्टिमध्यमा,
मदिर-लोचना, काम-लुलिता नारी
प्रस्तरावरण कर भंग
तोड़ तम को उन्मत्त उभरती हूँ।

[26]

एक स्पर्श कोमल गीतों से भरी हुई उँगली का,
तंत्री से नव निनद, नई झंकार उमड़ पड़ती है।
धरती हो ये अरुण पुष्प-से पद जिस किसी दिशा में,
जग उठते हैं नये पुंस, कंपित नव इहाओं से।

[27]

कहाँ मिला यह रूप, देखते ही जिसको पावक की–
दाहकता मिट गई, स्थाणु में पत्ते निकल रहे हैं?

[28]

अरुण अधर, रक्तिम कपोल, कुसुमासव घूर्ण दृगों में,
आमंत्रण कितना असह्य माया-मनोज्ञ प्रतिमा का!
ग्रीवा से आकटि समन्त उद्वेलित शिखा मदन की;
आलोड़ित उज्ज्वल असीमता-सी सम्पूर्ण त्वचा में।

स्फुट

[1]

जब बन्धु विरोधी होते हैं
सारे कुलवासी रोते हैं।

[2]

वन में प्रसून तो खिलते हैं,
बागों में शाल न मिलते हैं।

[3]

जब नाश मनुज पर छाता है,
पहले विवेक मर जाता है।

[4]

ऐसे भी कुछ नर होते हैं,
कुल को खाते औ' खोते हैं।

[5]

चुन-चुन कर हम तोड़ते वही टहनी केवल,
जिस पर कोई अपरूप कुसुम आ खिलता है।

[6]

हृदय नग्न, तो सात पटों के
भी आवरण वृथा हैं;
वसन व्यर्थ, यदि भली भाँति
आवृत भीतर का मन है।

[7]

तोड़ना है पुण्य जो तोड़ो खुशी से,
जोड़ने का मोह जी का काल होगा।

[8]

राज-सुख लोहू-भरी कीच का कमल है।

[9]

जिनको सहारा नहीं भुज के प्रताप का है,
बैठते भरोसा किये वे ही आत्मबल का।

[10]

वणिज के हाथ की
कृपाण ही अशुद्ध है।

[11]

मानव का गृह तो मानव से दूर नहीं है।

[12]

लोभ की लड़ाई क्षात्र-धर्म के विरुद्ध है।

[13]

पूजनीय को पूज्य मानने
में जो बाधा-क्रम है,
वही मनुज का अहंकार है,
वही मनुज का भ्रम है।

[14]

रस सोखता है जो मही का भीमकाय वृक्ष,
उसकी शिराएँ तोड़ो, डालियाँ कतर दो।

[15]

राजतंत्र है हेय, इसी से
राजधर्म है भारी।

[16]

अन्धा हो जाता मनुष्य
रवि की भी प्रखर प्रभा से,
और किसी को अँधियाले
में भी सब कुछ दिखता है।

[17]

हृदय चीरकर देख,
वहीं पर कुंजी कहीं पड़ी है।

[18]

जब कभी अहं पर नियति चोट देती है,
कुछ चीज अहं से बड़ी जन्म लेती है।

[19]

दानवी रक्त से सभी पाप धुलते हैं,
ऊँची मनुष्यता के पथ भी खुलते हैं।

[20]

एक ही पन्थ, तुम भी आघात हनो रे!
मेषत्व छोड़ मेषो! तुम व्याघ्र बनो रे!

[21]

यश-अयश-चिन्तना भूल स्थान पकड़ो रे!
यश नहीं, मात्र जीवन के लिए लड़ो रे!

[22]

जब मिले काल, जय महाकाल बोलो रे!
सत् श्री अकाल, सत् श्री अकाल! बोलो रे!

[23]

करुणा, क्षमा हैं क्लीव जाति के कलंक घोर
क्षमता क्षमा की शूर-वीरों का सिंगार है।

[24]

जहाँ शस्त्रबल नहीं,
शास्त्र पछताते या रोते हैं।
ऋषियों को भी सिद्धि तभी तप से मिलती है,
जब पहरे पर स्वयं धनुर्धर राम खड़े होते हैं।

[25]

स्वेच्छा से जो न्याय नहीं देता है, उसको
एक रोज आखिर सब कुछ देना पड़ता है।

[26]

तुम वृथा ज्योति के लिए कहाँ जाओगे?
है जहाँ आग, आलोक वहीं पाओगे।

[27]

वैषम्य शेष यदि रहा, क्षान्ति डोलेगी,
इस रण पर चढ़ कर महाक्रान्ति बोलेगी।

[28]

कौन केवल आत्मबल से जूझकर
जीत सकता देह का संग्राम है?
पाशविकता खड्ग जब लेती उठा,
आत्मबल का एक बस चलता नहीं।

[29]

व्यक्ति का है धर्म तप, करुणा, क्षमा,
व्यक्ति की शोभा विनय भी, त्याग भी।
प्रश्न जब उठता, मगर, समुदाय का,
भूलना पड़ता हमें तप-त्याग को।

[30]

योगियों की शक्ति से संसार में
हारता लेकिन, नहीं समुदाय है।

[31]

शान्ति खोल कर खड्ग क्रान्ति का
जब वर्जन करती है,
तभी जान लो, किसी समर का
वह सर्जन करती है।

[32]

हिंसा का आघात तपस्या ने
कब, कहाँ सहा है?
देवों का दल सदा
दानवों से हारता रहा है।

[33]

क्षमा शोभती उस भुजंग को
जिसके पास गरल हो।
उसको क्या, जो दन्तहीन,
विषरहित, विनीत, सरल हो?

[34]

अत्याचार सहन करने का
कुफल यही होता है,
पौरुष का आतंक मनुज
कोमल होकर खोता है।

[35]

वाणी का वर्चस्व रजत है,
किन्तु, मौन कंचन है।

[36]

सुख है जहाँ, वहीं दुःख
वातायन से झाँक रहा है।

[37]

तिमिर शान्ति का व्यूह,
तिमिर अन्तर्मन की आभा है।

[38]

महाशून्य का उत्स
हमारे मन का भी उद्‌गम है।
बहती है चेतना काल के
आदि-मूल को छू कर।

[39]

शिखरों से ऊपर उठने
देती न हाय, लघुता अपनी,
मिट्टी पर झुकने देता है
देव! नहीं अभिमान हमें।

[40]

मस्ती क्या जिसको पाकर
फिर दुनिया की भी याद रही?
डरने लगी मरण से तो
फिर चढ़ती हुई जवानी क्या?

[41]

बड़े भाग्य से ये खिलते हैं
कभी चेतना के वन में,
यों बिखेरता मत चल सड़कों
पर अनमोल विचारों को।

[42]

हम मान गये जब क्रान्तिकाल होता है,
सारी लपटों का रंग लाल होता है।

[43]

सदियों में शिव का अचल ध्यान डोला है,
तोपों के भीतर से भविष्य बोला है।

[44]

समर शेष है, नहीं पाप का भागी केवल व्याध,
जो तटस्थ हैं, समय गिनेगा उनका भी अपराध।

[45]

स्वत्व छीनकर क्रान्ति छोड़ती कठिनाई से प्राण,
बड़ी कृपा उसकी, भारत में माँग रही वह दान।

[46]

मानव-मन को बेधते फूल के दल केवल,
आदमी नहीं कटता बरछों से, तीरों से।

[47]

किसके वसन नहीं भींगे
वैतरणी की धारा में?

[48]

नर के बस की बात, देवता बने कि नर रह जाये,
रुके गन्ध तक या बढ़कर फूलों को गले लगाये।

[49]

क्षण भर की उन्मद तरंग पर
चिरता बलिहारी है।

[50]

शोणित के बदले जहाँ अश्रु बहता है,
वह देश कभी स्वाधीन नहीं रहता है।

[51]

रक्त बुद्धि से अधिक बली है और अधिक ज्ञानी भी,
क्योंकि बुद्धि सोचती और शोणित अनुभव करता है।

[52]

हम हैं जहाँ, वहाँ जाने की कोई राह नहीं है।

[53]

सबकी अलग तरी अपनी,
दो का चलना मिल साथ मना,
पार जिसे जाना हो, वह
तैयार स्वयं जलयान करे।

[54]

जला आग कोई जिससे तू
स्वयं ज्योति साकार बने
दर्द बसाना भी यह क्या
गीतों का ताप बढ़ाने को?

[55]

यों तो फल सभी पाते हैं,
पायेगा फल किन्तु, वही,
मन में जनमे हुए वृक्ष का
भेद नहीं जो खोलेगा।

हृदय और मस्तिष्क

[1]

जब-जब मस्तिष्क जयी होता,
संसार ज्ञान से जलता है।

[2]

ज्ञान के मरु में चलता हुआ,
आदमी खोता जाता है;
हृदय के सर का शीतल वारि
और कम होता जाता है।

[3]

अर्चा सकल बुद्धि ने पाई,
हृदय मनुज का भूखा है।
बढ़ी सभ्यता बहुत किन्तु,
अन्तः सर अब तक सूखा है।

[4]

किन्तु है बढ़ता गया मस्तिष्क ही निःशेष,
छूटकर पीछे गया है रह हृदय का देश।
नर मनाता नित्य नूतन बुद्धि का त्योहार,
प्राण में करते दुखी हो देवता चीत्कार।

[5]

ले चुकी सुख-भाग समुचित से अधिक है देह,
देवता हैं माँगते मन के लिए लघु गेह।

[6]

रसवती भू के मनुज का श्रेय
यह नहीं विज्ञान कटु, आग्नेय।
श्रेय उसका प्राण में बहती प्रणय की वायु,
मानवों के हेतु अर्पित मानवों की आयु।
श्रेय उसका आँसुओं की धार,
श्रेय उसका भग्न वीणा की अधीर पुकार।

[7]

हेर थका तू भेद, गगन पर क्यों उडु-राशि चमकती है,
देख रहा मैं खड़ा मग्न, आँखों की तृषा न छकती है।
मैं प्रेमी, तू ज्ञान-विशारद, मुझमें तुझमें भेद यही,
हृदय देखता उसे तर्क से बुद्धि न जिसे समझती है।

✪✪✪